AF284505

Gisela Krämer

Von Brummelbären und anderen Glückskeksen

Freuen auf morgen Heute sein

Für die Liebe

Neuerscheinug

2013 - 2022

Herstellung und Verlag:
BoD - Books on Demand, Norderstedt
ISBN 9783756223510

Für alle, die lieben und geliebt werden.
Für alle Freunde und Freundinnen.
Für Begegnungen und Abschiede.

Für schöne und nachdenkliche
Momente.
Für ein Lächeln.
Zum Trost.

Für dich.
Für mich.

Mögen wir uns dort begegnen.

Gisela Krämer

Das Leben sehen

Das Leben sehen
Immer weiter gehen
Mut dazu zu haben
Schritt für Schritt zu wagen

Nicht einfach ist

Neugier neu zu finden
Vergessenes zu verwinden
Freude zu beleben
Frieden dir zu geben

Möglich ist

Auf Liebe acht zu passen
Leben wieder gut zu fassen
Kraft neu einzuteilen
Ein klein wenig zu verweilen

Alles wertvoll ist

Anfang der Liebe

Wenn du die Sehnsucht nicht mehr spürst
Du das Leben ganz verlierst
Nimm die Liebe, wie sie sich schenkt
Alles ist in die richtigen Bahnen gelenkt

Schließ die Augen und nimm den Kuss,
Es wird kommen, wie es kommen muss
Am Ende wartet sie auf dich
Und es wird der Anfang sein ins Licht

Blumenkind und Brummelbär

Es war einmal ein Sommerloch
Das war in letzten Sommer doch
Tat sich zusammen' mit Blumenkind
Die Liebe war schnell und wild wie Wind

Als Sommerloch dann schwanger ging
Mit Blumen sie das Kind umfing
Jetzt ist der Kleine ja schon da
Beinahe vergangen darüber ein Jahr

Was soll schon werden aus Gedanken
im Wind? Blumenkind
Ein Sog, der wird tiefer noch
Sommerloch

Das Leben ist nicht immer fair
Das Kind heißt jetzt Brummelbär

Dreivierteltakt

Im Dreivierteltakt, im Dreivierteltakt
Läuft das ganze Leben ab
Im Lebenstanz
Das Leben ganz
Eins zwei drei
Tanz ich an dir vorbei
Eins zwei drei
Ich bin frei dabei
Dreivierteltakt Dreivierteltakt

Im Dreivierteltakt, im Dreivierteltakt
Tanzt unser ganzes Leben ab
Wir tanzen miteinander aneinander im
Kreis
So der eine immer um den anderen weiß
Wir tanzen nach Haus
Und darüber hinaus
Ich bin dabei, du bist dabei
Wir sind frei
Im Dreivierteltakt im Dreivierteltakt…

Abschied

Du bist still und leise gegangen
Ich durfte den Abschied dir nicht sagen
War so im Überlegen gefangen
Darf das jetzt sein, soll ich es wagen?

Jetzt ist es zu spät dafür
Ich sitze und gräme mich nun hier
Hätte ich nur gehört auf mein Gespür
Hätte es längst gesagt zu dir

Du der lang zu unserem Leben gehört
Als Mann meiner Mutter gut getan
Nicht einmal hat es mich gestört
Unsere Rollen nahmen wir einfach an

Ich hab dich sehr gemocht
Und hätte es dir gern gesagt
Bevor erloschen ist dein Docht
Habe es leider nicht mehr gepackt

Ich wünsche dir eine leichte Zeit
Wo du jetzt bist ist kein Schmerz
Und die Krankheit ist fort und weit
Es ist zu Ende, sagte dein Herz

Und gleichzeitig ist es ein Neubeginn
Der einlädt nach vorne zu schauen
Ich spüre, wie ich traurig bin
Werde trotzdem auf dein Lächeln bauen

Ich danke dir für das eine Wort
Töchterlein
Du erinnerst dich daran?
Es wird für mich sein ein wahrer Hort
Ich nahm's mit dem Herzen an

Auf Wiedersehen im nächsten Sein
Und Lebewohl bei der Reise zu den Sternen
Die Erinnerung bleibt erst mal mein
Niemand kann sie hier entfernen

Freu(n)de

Was lässt die Freude denn vermissen?
Das N wurde darin einfach so vergessen
Damit aus der Freude Freunde werden
Die allerbesten auf der ganzen Erden

Für dich

Wege

Wege hinein und Wege hinaus
Mein Geist vollzieht sie nach
Warum geht es nicht einfach gerade aus?
So viel in mir liegt brach

Gedanken gehen, Gedanken kommen
Meine Stimmung wechselt wie Wind
Am Horizont sehe ich verschwommen,
Die geglaubten Grenzen, die meine sind

Woher bin ich gekommen
Wohin will ich gehen?
Wanderer kreuzen meinen Pfad
Unschlüssig bleibe ich an der Weggabelung
stehen
Vielleicht habt ihr einen guten Rat?

Ich drehe mich um und sehe wieder
Die Grenzen meiner Selbst mehr kaum
Ich bin so viel und doch so wenig
Ich bin so groß und doch so klein
Manchmal ein Bettler und oft ein König
Wo kann ich Ich allein nur sein?

Erwartungen dieser Welt?
Oder meine Erwartungen an mich?
Es wird Zeit, dass meine Entscheidung fällt
Im Hier und Jetzt zu träumen

Bewusst sein und bewusst werden
Meines Ichs und meines Wertes
Und ich finde in den Scherben
Nicht nur Bestes, sondern Gutes

Im Spiegel

Ich sehe mich im Spiegel des anderen
Meine Seele beginnt zu wandern
Bin gebunden und doch frei
Glaube zuerst an Zauberei

Entwicklung findet gemeinsam statt
Einer bekommt, was der andere hat
Jeder wird stärker durch den anderen
Jeder Weg führt zu bekannteren

Dem Ziel entgegen
Werden wir uns bewegen
Seelig entspannt
Als hätten wir es schon immer so gekannt

Das Beste von mir
Zeigt sich im Herzen dir
Spiegelt sich in deinem Lachen
Lass uns einfach weitermachen

Jeder neue Tag lässt mich neu denken
Jedes Mal will ich mich schenken
Macht einen besseren Menschen aus mir
Ich stehe mit 'nem Schleifchen hier

Pack es aus
Lass mich raus
Du wirst staunen
Mit allen Launen

Ich weiß, ich werde mir gefallen
Stehe in den großen Hallen
Wundere mich über mich selbst
Und weiß, dass du zu mir hältst

Wir suchen uns im Spiegelbild
Sind wie ein starkes Schild
Entdecken Dinge, die uns fehlen
Jetzt verbinden sich die Seelen

Wir werden es uns merken
Jeder mit seinen Stärken
Sich zum Besten mischt
Gemeinsam gehen wir ins Licht

Die Schnuppe

Ich saß abends im Garten
Und träumte von dir
Da fiel vom Himmel eine Sternschnuppe
Ich wünschte mir, du wärst bei mir

Doch der Schnuppe war das schnuppe
Und ich sitze immer noch allein hier!

Dein Stern

Ein Stern steigt vom Himmel
und landet in deiner Hand
Heb ihn auf für dunkle Nächte...
Es ist eine Seele, mir wohlbekannt
Erhebt sich über alle Mächte

Er wird dir leuchten, wenn du ihn rufst
Du hast ihn immer im Herzen dabei
Es ist nicht nötig, dass du ihn suchst
Der Stern gehört dir und ist doch frei
Behalte ihn bei dir für alle Zeit

Pfleg ihn gut, er liebt dich sehr
Er wird dich überall hin begleiten
Und hast ihn verbraucht
Bekommst noch mehr

Von all den Sternen, die man verschenkt
Gibt es immer zwei
Den einen, den es zu dir gelenkt
Und den anderen, der bei mir verbleibt

Ich bin da

Ich bin da und du bist da
Das Leben ist so wunderbar
Es ist nicht wichtig
Und doch so richtig

Irgendwann kommt der Schlussakkord
und einer von uns beiden geht still und
leise fort

Ich will es nicht wahrhaben
Ich will dich da haben
Für immer und alle Zeit
Und wünsche mir so sehr
Dass es lange bleibt

Entscheidungen sind für jedes Ich schon
schwer genug
Und viele stehen mit dir noch in Bezug

Der eine zeigt es mit Wut
Dem anderen ist's nicht genug
Der nächste weint still und leis'
Und fragt immer wieder nach dem Preis

Wo Liebe ist, da ist auch Trauer
Lass nicht zu die große Mauer

Das Kind in mir kann es nicht fassen
Ich werde gut auf es aufpassen
Denn dort ist auch die Liebe
Und wenn nichts mehr bliebe
Außer ihr

Dann ist ein großes Lächeln hier

Ich wünsche mir noch viele Stunden
In denen wir die Welt umrunden
Lassen der Natur einfach ihren Lauf
Und hören nicht mehr drauf

Zum Enden unsere Freundschaft
Gibt es nicht eine einzige Macht

Wir haben viel zusammen gelacht
Wir haben viel gemeinsam gedacht
Es ist alles, wie es war
Wir sind alle immer noch da

Ich schaue jetzt einfach geradeaus
Und mach manchmal einen Bogen draus

Das Licht scheint zu mir rein
Es tanzt und flirrt und möchte sein
Zeit und Raum sind ungezählt
Und immer von uns ausgewählt

Es sagt zu mir und ich zu dir
Der einzige Ort, der zählt ist hier!

Ich bin da und du bist da
Das Leben ist jetzt wunderbar!

Mysteriös

Liebe ist manchmal ein Mysterium
Geheimnisvoll und rätselhaft
Es folgt keinem Regularium
Liebe allein die Ordnung schafft

Was ist wohl ein Kriterium
An dem ich sie erkennen kann?
Braucht es vielleicht ein Medium
Das mir sagt, wo und wann?

Ich steh inmitten in meinem Zentrum
Und halte Ausschau nach dem Besten
Gibt es denn ein Minimum
Oder begnüge ich mich mit Resten?

Ich weiß, du bist mein Premium
Ich hab dich gesehen
Du bist mein Maximum
Und aus Liebe wird Verstehen

Jetzt!

Wenn ich sage: Ich liebe dich
Was hörst du?
Wenn ich zu dir rüberlächel
Was siehst du?
Wenn ich mein Lieblingsparfüm auflege
Was riechst du?
Wenn ich deinen Lieblingskuchen backe
Was schmeckst du?
Wenn ich dicht vor dir stehe
Was greifst du?

Gib mir einen Kuss

Vielleicht vergeht dir Hören und Sehen
Atme tief ein
Schmecke mein Vergehen
Begreife unser Sein

Glückskeks

Wenn ich wäre eine ZauberFee
Ich kochte dir erst mal Kaffee
Dann pack ich einen Glückskeks aus
Und hoff', es wird kein Fake daraus

Wir tanzen mit dem Glücklichschwein
Bis zum Morgen Ringelrein
Ich glaube, dann geht's uns fein
Und ich pack alles wieder ein

Die Liebe

War alles umsonst oder doch vergebens
Fragt sich manch einer Zeit des Lebens
Es gibt nur eine Antwort auf die eine Frage
Die kaum einer sich zu stellen wagt

Was ist das Wichtigste im Leben
Wofür ich alles gäbe?
Es ist das eine einzige eben
Alles, was sich nennt:

Die Liebe

Freunde

Wer sagt, was Freunde sind?
Wie Papa, Mama oder Kind
Wie Sonne, Regen oder Wind
Sehend, ahnend oder blind?

Sind sich Freunde jemals fremd
Denen die Hose näher als das Hemd
Gibt es Dinge, für die man sich schämt
Worte, derentwegen man sich grämt?

Freunde sind immer im Kontakt
Wissen, dass die Freundschaft alles packt
Es gibt bei Freunden einen Fakt
Die Herzen schwingen im gleichen Takt

Freunde sind wie Sterne
Bist du nah oder in der Ferne
Ich werde immer gerne
Dir halten die Tag- und Nachtlaterne

Freundschaft ist ein reichliches Geschenk
Den Augenblicken eingedenk,
Die waren und sind so voller Glück
Ich geb' keinen einzigen davon zurück

Happy way

This will be a happy end
Leise in die Welt hineintastend
Voller Freude auf das nächste Ziel
Ich will alles, ich will viel

A happy end it will be
Es ist ein unglaubliches Gefühl
Es ist nur noch ein kleiner Schritt
Ich wünsche mir, du kommst mit

It will be a happyness
Der Weg ist ein einziger Prozess
Ganz klar verläuft er vor mir her
Ich weiß, vom Glücke kommt noch mehr

It will be an only wonder
Und jeder Tag ist nur besonders
An deiner Seite hier zu leben
Und an unserer Welt zu weben

Das Licht ist hell und heiter
Mein Weg, er führt mich weiter
Ich freue mich auf jeden Tag
Den ich mir dir teilen mag

Schutzengel

Schutzengel sein
Du dir verdienen musst
Einen Schutzengel haben
Ist ein Geschenk

Wenn du ihn siehst
Schließ die Augen und schlafe ein
Ein Lächeln wird dich begleiten
Hinüber in den Traum

Schutzengel sein
Der den Schützling küsst
Dich hält und tröstet
Bei Unrecht auf der Welt

Der dich zum Lachen bringt
Und im Herzen singt
Vertraue auf dich und er wird sein
Immer und immer auf ewig dein

Ohne Bedingungen

Unser Sein ist ohne Bedingungen
Ist einfach da
Verlangt nichts, was es nicht zu geben
bereit
Wir teilen unsere Überzeugungen
Können reden, können schweigen
Mit anderen oder auch zu zweit

Und wenn ich Tage zu dir liefe
Ich vermisse dich, wenn du nicht da bist
Hab nie Vertrauteres gekannt

Ein Stern trägt deinen Namen
Du sagtest, ich hab ihn benannt

Die Worte, die kommen
Sind Lächeln
Erinnerungen an gemeinsam Erlebtes
Es sind Sterne, es sind Sonnen
Scheinen um uns her
Strahlen einfach, wollen nichts Bestimmtes

Kleine Dinge um des anderen willen getan
Gemeinsames Lachen
Ein Erlebnis
Ein vertrauter Blick ist Glück
Wissen ohne ein Wort
Du bist mein Sein und doch mein Hort
Ich schau nach vorn und nicht zurück

**Freuen auf morgen
Heute sein!**

Abschied

Jeden Tag wirst du weniger
Jeden Tag wünsche ich mir mehr
Dass du mich noch mal bemerken wirst
Weit weit fort ist dein Geist

Es begann ganz schleichend
Erinnerungen dich nicht mehr erreichend
Die Gesichter wurden fremd
Mehr und mehr die Kerze abbrennt

Mit Tränen im Gesicht
Stehe ich hier, mein Lächeln bricht
Du wirkst so klein, du wirkst so schwach
Die Augen sprechen vom Weg danach

Fort über die Wolkenwiese
Genieße die sanfte Brise
Du gehst jetzt leise weg
Lass hier dein unnützes Gepäck

Lebewohl sag ich leise
Ich wünsch dir eine gute Reise
Die anderen, die schon dort
Bieten einen sicheren Hort

Ich hoffe es zumindest
Und hoffe, dass du findest
Was du verloren hast
In deinem Himmelszeltpalast

Tage des Glücks

Es klingt vielleicht verrückt
Aber ich sammle
In einer raffinierten Falle
Tage des Glücks

Die Falle ist verzückend
Nennt sich Freundschaft, Liebe und Lachen
Um das Glück neu anzufachen
Ist ganz nah und doch entrückend

Ich bewahr' sie manchmal auf
Manchmal mache ich Geschenke
Indem ich anderen gedenke
Und nehme die Freude dann in Kauf

Glück ist eine rare Ware
Ich packe sie sorgfältig ein
Ummantele sie mit Liebe und einem Reim
Auf dass ich sie bewahre

Glückstage und Glücksstunden
Sternenschimmer und Sonnenschein
Lasse unsere Gefährten sein
Während wir die Welt umrunden

Schrei nach Glück

Es hilft nicht zu schreien
Abrupt stehenzubleiben
Es ist gut zu weinen
Und einfach so im Fluss zu treiben
Weiter bringen wird's dich nicht
In der Warteschleife hängst du fest
Du spürst nur noch Druck und Pflicht
Dein Lachen hörst leise und gepresst

Du sagst, du willst nur ein wenig Glück
Ein klein wenig vom Zuckergebäck
Du kannst es nicht haben das ganze Stück
Ich fürchte, das Beste ist längst weg
Darf ich nicht hoffen?
Fragst du mich leise
Ich sag's mal ganz offen
Geh auf **deine** Reise

Es kann sein, dass du grad nichts siehst
Doch nimm es in Kauf
Wenn eine Tür sich schließt
Geht eine andere auf
Vertrau auf deine Sinne
Und hab den Mut
Hör auf deine innere Stimme
Es wird eines Tages wieder gut

Wenn du jetzt durchhältst
Und dich nicht einlässt auf das Spiel
Einen Schritt nach vorne gehst
Erreichst du dein Ziel
Geh mit neuer Leichtigkeit
Blicke nicht zurück
Es ist nicht mehr weit
Dann greifst du dein Glück

Weg-werfen

Tief in mir drin
Gebe ich dir und mir noch eine Chance
Um dann zugeben zu müssen
Es ist nur ein Traum

Ich packe alles zusammen
Was dich und mich verband
Verdränge die Gedanken
Werfe die schlechten weg

Und später, als ich erneut
Zurücksinken will
Mich selbst bemitleiden
Eine Nacht lang nur heulen will

Stelle ich fest:

Die Müllfahrer waren schon da
Nun liegen meine Sorgen
Meine vielleicht schlechten Erfahrungen
All mein Kummer auf dem Seelenmüllplatz
Bereit zu vermodern

Jetzt ist meine Tonne wieder leer

Atemzug

In einem langen Atemzug
Hält das Leben an
Und ich kriege nie genug
Fang noch mal mit Küssen an

Alles liegt in einem Kuss
Alles kann ein Herzschlag sein
Nichts bleibt, wie es bleiben muss
Und ich lass mich auf dich ein

Kann nichts Schöneres als das hier sehen
Deine Nähe und dein Sein
Werde auf den Regenbogen tanzen gehen
Zwischen Regen und dem Sonnenschein

Umarme mich noch einmal hier und heute
Ich werde das Gestern jetzt vergessen
Hör das Sternenlichtgeläute
Und werde die Zukunft mit dir vermessen

Lebe!

Lebe mit dem Sonnenschein
Lebe all deine Kraft und deinen Mut
Lass dich durch dein Lachen glücklich sein
Und gib davon nie genug

Eine Krankheit, deren Namen man kennt

Kannst du besiegen

Einen Feind, dessen Gesicht man kennt

Kann dich nicht mehr betrügen

Vergiss die Schmerzen und die
Melancholie

Male dir dein Leben

Baue auf die Fantasie

Sie hat so viel Freiheit zu geben

Willst du?

Willst du für mich da sein?
Dich mit mir freuen
Mit mir trauern?
Dir mit mir klar sein
Keine Hürden scheuen
Und nichts bedauern?

Willst du mit mir wandern?
Unbekannte Seelenwege
Sanfte Träumehügel
Setzen einen Fuß vor den anderen
Überqueren Brückenstege
Nutzen unsere Gedankenflügel

Willst du halten die Laternen?
Damit ich finden kann den Stein
Der der erste für das Haus
Baust ein Dach aus tausend Sternen?
Und es wird mein Lächeln sein
Das macht ein Zuhause daraus

Du bist

Du bist mein Engel
Mein Lichtstrahl ins Glück
Ich weiß, du begleitest
Mich jetzt ein kleines Stück

Du bist der Sonnenstrahl
Der den Weg mir weist
Du bist die einzige Wahl
Wenn es wählen heißt

Du bist das Sehende
Das mich vor Unbill warnt
Der Mund, der behände
zur Achtsamkeit mahnt

Du bist das Lächeln
Die zwinkernde Freude
Das sanfte Streicheln
Gestern und heute

Wo?

Ich gehe in meinem Kopf spazieren
Und suche einen Weg zu dir
Ich drohe mich hier zu verlieren
Alles ist so kalt und leer

Ich suche unsere Liebe
Und finde sie nicht mehr

Ich höre mein Herz schlagen,
Es sucht den Takt mit dir
Wo ist er bloß geblieben
Ich vermisse ihn so sehr

Ich lausche meinem Körper
Sehnt er sich noch nach dir?
Wo ist nur deine Wärme,
Das Kissen neben mir ist leer

Ich suche unsere Liebe
und finde sie nicht mehr

Immer wieder

Suchen die Worte
Finden den Sinn
Wo sind die Orte
Wo will ich hin?

Fragen der Zukunft
Fragen der Angst
Stürme der Gedanken
Machen mich krank

Sei doch vernünftig
Sagst du zu mir
Doch wird auch künftig
Liebe sein in Dir?

Zu oft kam die Enttäuschung
Nach einem Wirbel voll Glück
Immer wieder ließ ich mich täuschen
Und es gab kein Zurück

Diese deine Augen sehen mich an
Fordern auf zu bleiben, nicht zu gehen
Bieten Mut und laden ein
Zum Riskieren und Verstehen

Liebeslauf

Mein Herz singt
Das Leben klingt
Mit einer wundersamen Melodie
Hörst du sie?

Ich rufe, lache, breite die Arme aus
Und nehme das Leben auf
Ich tanze und springe
Und hör nicht mehr auf
Mit diesem glückseligen Liebeslauf

Ich bin glücklich
Und ich spür dich
Es fehlt mir das richtige Wort
Egal, Hauptsache, wir sind am selben Ort

Meine rosarote Brille behalte ich an
Und denke nicht eine Sekunde daran
Dass dieser Liebestaumel einmal enden wird
Warum auch, wo doch jetzt alles schwirrt?

Kribbeln im Bauch, wie ist das schön
Das Leben ist hell, ich kann es sehen
Ich sehe dich in einem besonderen Licht
Und ich weiß, so siehst du auch mich

Ohnmächtige Liebe

Die Gedanken in meinem Kopf sind laut
Sie schreien und dröhnen
Und nehmen kein Ende
Wer hat nur diese Mauer gebaut?
Wie ich mich auch drehe und wende
Sie findet kein Ende

Ich spüre dieses Kribbeln im Bauch
Und die Wut steigt hoch
Wo ist der Mensch, der denkt wie ich auch?
Ich finde nicht das kleinste Loch
Und die Ohnmacht bleibt doch

Heute Nacht werde ich es tun
Ich werde gehen, weit fort von dir
Ich brauche einen Platz
Um mich auszuruhen
Bei dir ist es kalt
ich will nicht mehr

Lebe wohl, es war anfangs eine gute Zeit
Doch wir lebten weiter unser
eigenes Leben
Ich bin nach dieser Entscheidung frei
Es geht nichts ohne Liebe zu geben

Leb wohl

Merkst du eigentlich noch was?
Was du tust, ist krass
Du benimmst dich oft daneben
Tust als wärst allein im Leben

Als gäbe es mich gar nicht mehr
Dich zu sehen fällt mir schon schwer
In mir steigt hoch der Hass und
auch die Wut
Ich weiß, es tut mir gar nicht gut

Ich frag mich, wie es weitergeht
Wenn du nicht mehr neben mir schläfst
Hab schon einen Plan für mich allein
Das kann's nicht sein

Leise ist die Liebe gegangen
Hat sich im täglichen Kleinkrieg verfangen
Laut ist unser Alltag heute
Peinlich der Streit vor den Leuten

Doch Schweigen geht jetzt nicht mehr
Das Ende bedaure ich nicht sehr
Was ist mein Beitrag zu dem Schluss?
Das zu sehen, ist ein Muss

Im Augenblick sehe ich die Schuld bei dir
Ich bin sicher, sie ist auch bei mir
Ein fremdes Land läuft vor mir her
Es ist kalt und es ist leer

Der Gedanke an dich wärmt nicht genug
Jeder Gedanke ist längst Betrug
Ich will frei sein und lieber allein
Als dich zu hassen und anzuschreien

Das hätte sie verdient
Unsere gewesene Liebe
Damit wenigstens die Erinnerung bliebe

Leb wohl

Jeder Tag

Jeder Tag ein neuer Tag
Den ich mag
Um zu leben
Alles erneut zu geben

Ich liebe diesen Blick
Ist morgens schon ein kleiner Trick
Die Stille draußen zu sehen
Und den Tag froh anzugehen

Der Nebel steigt in aller Früh
Heute war es ein Déjà-vu
Und in mir war ein Lächeln
Und ich gab mir ein Versprechen

Egal, was heute geschieht
Es den Tag durchzieht
Da bin ich sicher
Er wird dadurch freundlicher

Ich werde heute mit Mut
Dann wird er sicher gut
In den Tag reingehen
Ich hab ihn schon gesehen

Heute wird es schön
Weil ich mich verwöhn`
Ich mache einfach frei
Und bleib dabei

Werde ruhen und werde lachen
Einfach schöne Dinge machen
Alles, was ich mag
So wird es ein toller Tag!

Bleib ich heut' allein?
Oder verbring ihn zu zweien?
Es spielt keine Rolle
Heute gibt es keine Protokolle

Ich lass' mich treiben
Vielleicht werde ich schreiben
Vielleicht werde ich es lassen
Ich werde nichts verpassen

Ich geh es dir gleich erzählen
Wir werden uns wohlfühlen
Das wird ein Haufen Spaß
Weil ich vieles lass

Egal, was kommen mag
Ich weiß, dass ich es mag
Ich liebe diesen Tag
Er wird richtig stark!

Du bist im dunklen Wald

Du bist im dunklen Wald
Hier draußen ist es kalt
Du bist mal wieder fort
Die Depri hält dich dort

Ich werde hier sein und warten
Und pflege deinen Garten
Sitz auf der Bank mit 'nem Kaffee
Während du stapfst durch Eis und Schnee

Das einzige, was ich tun kann
Ist rufen dann und wann
Damit den Weg zurück du findest
Zu dem, was dich ans Leben bindet

Du kannst schon lang nicht schlafen
Und findest kaum den Hafen
Bist ruhelos und matt
Bei kleinster Mühe müde und einfach platt

Magst dann nicht viel Kontakt
Wenn dich die Depri packt…

Du sagst, es sei nicht so dunkel
Es gäbe sogar Sterngefunkel
Und eine Lichtung hier und da
Ich hoffe, es ist für dich auch wahr

Weil ich diese Hoffnung brauch'
Freundschaft ist hier – und Liebe auch

*Ich werde jedenfalls immer bei dir sein, da kannst
du sicher sein, werde manchmal auf einer Park-
bank warten, bis du wieder aus dem dunklen Wald
herauskommst und ich nicht mit hinein kann.
Aber ich werde da sein.*

Schön, dich zu haben

Schön zu sehen, wie es dir geht
Schön zu sehen, wie es um dich steht
Dich lächeln zu hören
Und deine Freude zu spüren

Wenn du mir am Telefon erzählst
Was du grad alles so anstellst
Dein neuer Mitbewohner
stellt dein Leben um
Und es muss keiner fragen
nach dem Warum

Weil es keine Rolle spielt
Wenn es auf die Liebe zielt
Jede Stunde ein lautes Lachen
Und ständig Neues anzufachen

Der Hund dein neuer neuer Freund
Ist etwas, was versöhnt
Ist jemand, der den Tag verschönt
Und dich mit Liebe pur verwöhnt

Du stehst morgens pünktlich auf
Der Tag geht seinen geregelten Lauf
Ihr erlebt Abenteuer
Und jede Freude bringt dich näher

Ich wünsche dir noch viele Tage
und um keinen wird es schade
mit Liebe, Freude, Lachen
Mein Freund, lassen wir es krachen!

Schön, dich zu lieben

Schön, dich zu sehen
Zu sehen, dass es dich gibt
Gibt dir Kraft und gibt dir Liebe
Liebe es, es ist Sein pur

Pures Glück, das niemals endet
Endet in diesem Leben nicht hier
Hier ist das Licht und auch das Leben
Lebendiges Sein und Träume

Träume für dich die Reise zu den Sternen
Sterne hol ich für dich hierher
Hierher führt der Weg uns hin
Hin zu einem tieferen Sinn

Sinniges lass uns reden, lass uns schweigen
Schweigend genießen den lächelnden Tag
Tage verbringen und Zeit zu haben
Haben uns und teilen die Welt

Welt der Liebe und des Lachens
Lachen erhellt dir jede Stunde
Stunden vergehen voller Freude
Freudig in der Zweisamkeit

Zeit für einen Kuss

Zeit läuft ihre Linie
Rasend vor uns her
Dabei lacht sie
Und rennt noch mehr

Wir versuchen alles
Um sie zu erhaschen
Suchen etwas Gutes
Um es zu vernaschen

Wir kommen niemals näher
Obwohl jeder rennt
Doch dann ist's wie vorher
Eine Mauer, die uns trennt

Wir machen es mal anders
E-Mail, Facebook oder Twitter
Alles ist besonders
Beim Kommunikations-Gewitter

Trotzdem erreichen wir uns kaum
Keiner hat mehr wirklich Zeit
Wir hatten einen Traum
Das Ziel ist nicht mehr weit

Es geht um die Entscheidung
Die jeder treffen muss
Ich geb' dir die Beschreibung
Von einem langen Kuss

Und die Zeit steht still
Es schwebt der Augenblick
Geht erst weiter, wenn ich will
Und ich geb' nichts zurück

Raum und Zeit

Ich träume mir ein neues Kleid
Eins, das trägt durch Raum und Zeit
Das mich sicher zu dir bringt
Mein Stern dir dann ein Ständchen singt

Ich wünsche mir ganz neue Schuh'
Denn die brauche ich auch dazu
Wenn du mit mir tanzen gehst
Und auf der Sternenwiese stehst

Alles andere werde ich behalten
Werde mein Sein sehr gut verwalten
Denn es wird mein Lachen sein
das dich sieht im Sonnenschein

Werde überqueren jede Brücke
Werde entdecken jede Lücke
Durch die ich finde den Weg zu dir
Damit es gibt ein Ich und Wir

Es war viel Zeit erforderlich
Da zu sein, ganz fürsorglich
Die Kinderzeit war schön und gut
Jetzt brauchen wir ein wenig Mut

Wir dürfen für uns stille sein
Es ist auch schön mit dir allein
Mal sehen, wohin der Raum uns treibt
Und wie sich die Geschichte weiter schreibt

Knutschen

Mal wieder rumzuknutschen
Ist wie Cola-Fläschchen lutschen
Ist wie vor 30 Jahren
Als wir Kinder waren
Verstecken in der Hecke
Kichernd in der Ecke

Doch ist es heute anders?
Der Anlass ist besonders
Mein Bauch spielt Schmetterling
Mein Herz will zu dir hin
Ich ritz' es in den Baum
Und grins, ich glaub es kaum

Ich denke, heute werde ich dich küssen
Das werde ich heute müssen
Ausprobieren aufs Neue
Und ganz ohne Scheu und Reue
Komm mit mir hinters Haus
Wir probieren es einfach aus

Liebe hat kein Alter
Es gibt keinen Schalter
Den man benutzen kann
Und dann ist die Liebe an
Den richtigen Klang hat es schon jetzt
Und mein Herz, das ist besetzt!

Knutsch

Daniela

Du gehst deinen eigenen Weg
Findest stets eine Brücke
Magst es nicht wirklich seicht
Doch entdeckst du die kleine Lücke

Auf dem Weg ins Abenteuerland?
Der Pfad ist gut für eine wahre Frau
Die im Leben steht
Und lachend zu sich sagt: Schau

Dir doch meine Füße an
Meinst, sie passen auf diesen Steg?
Hab ich die richtigen Schuhe an
Für diesen meinen Weg

Ist alles im Rucksack drin
Damit du es hast, wenn du es brauchst?
Oder gehst lieber mit leichtem Gepäck
Mit Verstand und Kraft im Bauch

Ich schreib dein Horoskop
Für den nächsten Tageslauf
Kopierst ihn dann
Und hängst ihn auf

Das erste lautet so
Heute ist ein schöner Tag
Dann kommt pro Tag ein Satz hinzu
... Den ich einfach gerne mag

Und eh du dich versiehst
Ist es ein Lebenslauf
Lebendiges Sein
Freu dich drauf

Viele Begegnungen wünsche ich dir
Gespräche, die dein Herz berühren
Sterne, die den Weg dir leuchten
Ruheplätze ohne Parkgebühren

Menschen, die dich lieben
Lächeln für ein freundliches Wort
Einfach weil es dich gibt
Gesundheit als sicherer Hort

Bleib wie du bist
und wie du sein magst
es wird alles da sein
wenn du mal verzagst

Wortspiel

Ein kleines Wortspiel
Wächst im Dort viel
Läuft im Gestern
Ist manchmal Lästern
Wirkt im Heute
Frisst die Meute
Morgen kommt die Abrechnung
Verliert nicht wirklich Schwung

Das, was ich sage

Ist das, was ich will

Wenn ich es wage

Geht da richtig viel

Wähle das Risiko

Missverstanden zu sein

Vermeide die große Show

Und lass mich auf dich ein

Titel

Gerne verweisen wir auf weitere Bücher aus
dem Storycenter von Gisela Krämer:

Von Manchmal-Engeln
und anderen Wundern

12 Metaphern und Geschichten
Für Große und nicht mehr ganz Kleine

Gedanken über den siebten Himmel, ein
Streit der Elemente im Sandkasten und das
Ende von Träumen….
Sie finden hier weitere philosophische und
nachdenkliche und lustige Geschichten und
Metaphern.

Von fröhlichen Kühen und anderen Freunden

12 Metaphern und Geschichten
Für Kleinere oder noch nicht ganz Große

Ein kleiner Junge lernt, mit Ja-aber umzugehen, eine erstaunliche Familien-versammlung kommt wegen merkwürdiger Postadressen zusammen und ein Umzug gelingt trotz Hindernissen und Defiziten mit Mut und Hilfe von Freunden....

www.storycenter.de

Demnächst von Gisela Krämer
im Storycenter:

Diplomatische Kommunikation
Das Fachbuch aus 30 Jahren Praxis

Von Schwichteln und anderen
Begegnungen
12 Metaphern und Geschichten
Für Kleine

Von Sternenkriegerinnen und anderen
Träumen
12 weitere Metaphern und Geschichten
Für Große und nicht mehr ganz Kleine

www.storycenter.de